LA

BONNE MÈRE DE FAMILLE

OU

VIE DE MADAME COLLIN.

NANCY,

VAGNER, IMPRIMEUR-LIBRAIRE-ÉDITEUR,

RUE DU MANÉGE, 3.

1865.

INTRODUCTION.

A MES PARENTS.

> La femme sage bâtit sa maison, l'insensé
> détruit de ses mains celle même qui
> était déjà bâtie. (*Prov.*, ch. 14, v.
> 17.)

Comme, d'après notre triste condition, les enfants
dans les familles se trouvent séparés de leurs parents
par la mort, beaucoup, mus par les sentiments d'une
piété filiale, tiennent à conserver les portraits de ces
parents qu'ils ne peuvent conserver en personne.
L'ingénieuse tendresse de ces enfants leur fait illu-
sion au point qu'ils se surprennent à croire qu'ils pos-
sèdent encore leurs parents. Un des bons effets de ces
portraits est de rappeler aux enfants, aux descendants,
les conseils et les exemples de ceux qu'ils représen-

1

tent. Il est donc d'une grande conséquence pour les divers membres d'une famille de posséder les portraits d'un bon père, d'une bonne mère, de bons aïeux. Nous possédons tous le portrait de notre digne mère, auquel nous attachons le plus haut prix. Vous me saurez gré, mes chers parents, de vous faire présent non pas d'un portrait du même genre, qui mette sous vos yeux les traits de son visage, mais un portrait qui vous paraîtra plus précieux, parce qu'il vous rappellera ou vous fera connaître sa trempe d'âme et vous fera rendre grâce à Dieu de nous avoir donné une telle mère.

Napoléon Ier, allant visiter le pensionnat des demoiselles de Saint-Cyr, interrogea la Supérieure sur la manière dont les élèves répondaient à ses soins. Nous ne nous plaignons pas de la conduite des enfants, répondit la Supérieure, mais nous aurions à leur rendre un témoignage bien autrement satisfaisant, si toutes avaient des mères dignes de ce titre.

Je n'ai pas la prétention de donner Anne Vigneron, dont j'annonce la vie, comme une personne sans défauts ; elle serait plus parfaite qu'elle ne l'est, qu'elle donnerait encore prise à la censure. Mais on est obligé de reconnaître qu'Anne Vigneron a été une femme estimable et vertueuse ; ses défauts mêmes ont fait éclater sa vertu, car il lui a fallu beaucoup de vertu pour éviter certaines fautes qu'on a pu lui reprocher et elle les a évitées. J'écris cette vie surtout dans le but d'être utile à plusieurs mères de famille de notre parenté et de ma paroisse. La femme a besoin de conseils, d'encouragements et surtout d'exemples pour accomplir ses devoirs souvent pénibles de fille, d'épouse et de mère. Il est heureux de pouvoir trouver ces secours dans sa famille. Je rappelle toutefois que tout le monde a besoin d'indulgence et surtout dans un siècle où il y a si peu d'honnêtes gens, ne soyons pas sans miséricorde envers les honnêtes gens.

Un curé se croit bien autorisé à écrire la vie d'une bonne mère de famille, si en cela il voit à l'avance de nombreuses et d'intéressantes conclusions pour la pratique de vie, surtout de vie des mères de famille.

Les femmes et les enfants, dit Voltaire, font plus de la moitié de la société. « On peut dire des femmes » qu'elles gouvernent le monde, dit le P. Marchal (1), » parce qu'elles gouvernent à peu près toujours ceux » qui les gouvernent. Dieu conduit l'univers malgré » la liberté de l'homme et toujours il atteint son but » malgré les obstacles que cette liberté lui suscite, » parce qu'il tient dans sa main le cœur de tous les » hommes, et que quand on tient le cœur, on tient » tout. Or, la femme gouverne un peu le monde à

(1) *La Femme comme il la faut.*

» l'instar de la Providence, en régnant sur les cœurs.
» Mère, elle tient le cœur de l'enfant ; épouse, elle
» tient le cœur de l'homme mûr ; fille, elle tient le
» cœur du vieillard... Dieu ne prend jamais possession
» d'un cœur de femme par sa vertu sans mettre à son
» service des ressources infinies... Combien grande
» est la puissance d'une sainte épouse sur le cœur de
» l'homme mûr ! Fier de sa force et de sa raison,
» l'homme à trente ans pourra, comme autrefois
» Clovis, méconnaître son Dieu et rire de son âme en
» courant après l'or et la gloire. Il pourra mépriser la
» voix du prêtre, comme le roi des Francs méprisait
» jadis la parole des Evêques. Il pourra dans l'ivresse
» des passions rester quelque temps fidèle à ses idoles
» et courir à ses affaires, sans souci de l'avenir. Mais
» si la divine Providence a placé près du fier Sicambre
» une épouse selon son cœur, une épouse gracieuse,
» délicate et dévouée, une épouse qui sache rester
» aimable, malgré ses chagrins... ah ! croyez-le bien,
» cette âme ne sera pas longtemps rebelle. » Combien
la femme méconnaît son rang et sa puissance, lorsqu'elle ne tient plus à honneur d'entendre qualifier
son sexe, sexe dévot puisqu'elle n'a de puissance que
par la vertu et n'a de vertu que par la dévotion ! Je
n'appelle pas puissance cette puissance de destruction qui accompagne la femme corrompue.

J'avoue que durant le temps que je vivais chez mes

parents, je n'appréciais pas les qualités d'Anne Vigneron, ma mère. Je les ai d'autant mieux appréciées
depuis que j'ai connu le monde. J'ai reconnu qu'il est
très-rare de rencontrer ces qualités dans la société,
surtout depuis que la pratique des devoirs religieux
est abandonnée ou suivie avec si peu de foi.

CHAPITRE Ier.

PORTRAIT DE LA FEMME FORTE.

La femme forte est une chose aussi rare et aussi précieuse que les perles qui viennent des extrémités de la terre. Ecoutons l'auteur des proverbes :

CHAPITRE XXXI.

10. Qui trouvera une femme forte ? Elle est plus précieuse que les richesses apportées de l'extrémité du monde.

11. Le cœur de son mari met sa confiance en elle, et il voit les bénéfices s'accroître dans sa maison.

12. Elle lui rendra le bien et non le mal pendant tous les jours de sa vie.

13. Elle a cherché la laine et le lin et elle a travaillé avec des mains sages et ingénieuses.

14. Elle est comme le vaisseau d'un marchand qui apporte son pain de loin.

15. Elle se lève lorsqu'il est encore nuit, elle a partagé l'ouvrage à ses domestiques et la nourriture à ses servantes.

16. Elle a considéré un champ, elle l'a acheté, elles a planté une vigne du fruit de ses mains.

17. Elle a ceint ses reins de force et elle a affermi son bras.

18. Elle a expérimenté et elle a vu que son trafic est bon. Sa lampe ne s'éteindra point pendant la nuit.

19. Elle a porté sa main à des choses fortes et ses doigts ont pris le fuseau.

20. Elle a ouvert sa main à l'indigent, elle a étendu ses bras vers le pauvre.

21. Elle ne craindra point pour sa maison le froid et la neige, puisque tous ceux qui habitent avec elle ont un double vêtement.

22. Elle s'est fait des meubles de tapisserie, elle se revêt de lin et de pourpre.

23. Son mari sera illustre dans l'assemblée des juges lorsqu'il sera assis avec les sénateurs de la terre.

24. Elle ourdit la toile et la vend, elle a livré des ceintures aux commerçants chananéens.

25. Elle est revêtue de force et de beauté et son dernier jour sera plein de joie.

26. Elle a ouvert la bouche à la sagesse et la loi de la clémence est sur sa langue.

27. Elle a veillé sur les pas des siens et elle n'a pas mangé son pain dans l'oisiveté.

28. Ses enfants se sont levés et ont publié qu'elle était très-heureuse ; son mari s'est levé et l'a louée.

29. Beaucoup de filles ont brillé par leurs vertus, mais vous les avez toutes surpassées.

30. La grâce est trompeuse et la beauté est vaine, la femme qui craint le Seigneur est celle qui sera louée.

31. Donnez-lui du fruit de ses mains et que ses propres œuvres la louent dans l'assemblée des juges.

———————

CHAPITRE II.

> Née de pieux parents et prévenue
> de l'amour divin, elle passa son
> enfance et sa jeunesse dans une
> grande piété et une grande inno-
> cence de mœurs. (*Bréviaire Ro-
> main.*)

Dans la peinture de la femme forte tracée d'après
les mœurs et les coutumes de l'Orient, il est aisé de
reconnaître que les jeunes personnes, les épouses et
les mères, doivent mener au sein de leur famille une
vie de prière, de travail, d'ordre, de vigilance et
d'économie, et c'est avec l'espérance de leur faciliter
l'acquisition de ces vertus que nous publions la vie
d'Anne Vigneron.

Anne Vigneron naquit à Lagney le 2 février 1778,
fête de la Purification de la sainte Vierge, de Claude
Vigneron et d'Anne André, époux d'une grande piété
et favorisés des biens de la fortune. Ils eurent de leur
mariage une nombreuse famille. Anne André demeura

veuve avec deux enfants en bas-âge, un fils et une fille. Ces deux enfants furent Firmin Vigneron et Anne Vigneron. Anne André les éleva dans l'amour de la prière, du travail, de la simplicité, et les habitudes de la foi, de la compassion pour les malheureux et l'exercice de toutes les œuvres de la charité. Anne Vigneron racontait qu'elles allaient souvent de société, sa mère et elle, à Toul. Lagney en est distant de 8 kilomètres. Le moyen qu'elles avaient de charmer les ennuis du chemin était la prière, exercice auquel elles ne manquaient pas, disant le Rosaire, dont la récitation, pour plus préciser, les conduisait jusqu'à la côte Barine. Je me rappelle cette vénérable aïeule qui passait une grande partie des nuits à prier, et dont le langage était si constamment céleste que j'étais toujours étonné de la voir ou de l'entendre prenant part aux affaires du temps. On pouvait lui appliquer ce que saint Grégoire de Nazianze dit en parlant de sa mère. Ma mère, dit ce saint docteur, pratiquait parfaitement les conseils renfermés au livre des Proverbes, « elle fit tellement » prospérer ses affaires domestiques, qu'on eût dit » qu'elle ne s'occupait pas des choses du ciel, et ce- » pendant elle était tellement pieuse qu'elle paraissait » demeurer étrangère à toutes les questions du mé- » nage. Aucune de ces obligations ne nuisait à l'autre; » elles semblaient au contraire se fortifier et se perfec- » tionner réciproquement. Ces paroles, dit Mgr Lan- » driot (1), sont la plus évidente confirmation de plu-

(1) *La Femme forte.*

» sieurs vérités trop peu connues..... La piété ne gâte
» rien quand elle est vraie, mais elle perfectionne tout,
» même le soin des affaires temporelles. Elle double
» les forces de l'esprit et du cœur ; elle donne une acti-
» vité merveilleuse, et ce que l'on accorde à Dieu,
» bien loin de rien enlever à nos affaires, multiplie
» l'attention, le dévouement, et favorise le succès. La
» piété et les devoirs religieux deviennent alors comme
» la nourriture et le breuvage que l'on donne au
» moissonneur au milieu de ses travaux et pendant les
» chaleurs de l'été : évidemment, au point de vue ma-
» thématique, ce moissonneur perd un peu de temps
» à prendre les aliments, à boire le vin, à se donner
» quelques instants de repos. Cependant, qui oserait
» dire qu'il perd son temps ? Il en sera de même de la
» piété, si elle est éclairée et bien entendue ; elle ne
» nuira en rien au soin du ménage, à l'attention que
» l'on doit à ses affaires domestiques..... Si toutes les
» femmes entendaient ainsi la piété, cette fille du ciel
» serait moins maltraitée dans le monde. »

Anne Vigneron ne connaissait point d'autre compagnie que celle de sa mère et n'en désirait point
d'autre. O ma mère ! je vous honore et je vous ré-
jouis en honorant votre mère qui, comme vous le fûtes
pour nous, fut pour vous encore bien plus votre mère
spirituelle que votre mère charnelle. Je n'émets pas
seulement sur la veuve Vigneron mon opinion per-
sonnelle, mais le jugement de ceux qui la connais-
saient ; je parle des personnes pieuses et éclairées et
en particulier de M. Baudot, curé de Lagney, ancien

vicaire-général de l'abbé des Prémontrés. Il disait en parlant de cette âme chrétienne : « Si elle n'est pas en paradis, qui peut espérer d'y aller ? » A M. Baudot succéda M. Sauret, qui ne put être dans le cas d'apprécier les bonnes qualités de la veuve Vigneron, celle-ci étant morte peu de temps après l'arrivée de M. Sauret à Lagney, comme curé. Il fut néanmoins encore assez longtemps témoin de la conduite de la veuve Vigneron pour être frappé de l'éclat de ses vertus. Elle mourut comme elle avait vécu, non-seulement dans le Seigneur, mais en adorant le Seigneur. Car étant en pleine connaissance et sur son séant au moment des prières des agonisants, elle s'inclina au nom de Jésus-Christ et ne se releva pas, elle avait expiré. Les vertus de la veuve Vigneron avaient fait une impression si vive sur l'âme de M. Sauret qu'il disait plusieurs années après la mort de cette femme chrétienne : « Au *Memento des morts*, les deux personnes qui se présentent invariablement à ma mémoire sont mon père et Madame Vigneron. » Sa fille, dont j'écris la vie, avoua qu'elle ne se souvenait pas d'avoir entendu rien qui lui eût causé autant de plaisir que cette parole de M. Sauret.

Les deux enfants survivants de la veuve Vigneron, Firmin et Anne Vigneron, répondirent, par leur innocence et leur piété, aux soins de leur digne mère. Anne Vigneron racontait que lorsqu'elle se préparait à la première communion, son confesseur l'ayant interrogé si elle avait commis quelque action contraire à la sainte vertu de pureté, cette question lui avait inspiré une vive horreur pour le vice impur. Pour ménager la dé-

licatesse du siècle, peut-être encore plus dépravé dans
son esprit que corrompu dans ses mœurs, je ne rappelle pas les termes dans lesquels fut exprimée cette
question. Le siècle reproche en cette matière ou à des
confesseurs ou à des prédicateurs un langage qui, dit-
il, fait rougir, qui enseigne la malice. Il fait rougir
les coupables ! est-ce un mal? Il enseigne la malice !
N'est-ce pas maintenant plus que jamais qu'on .peut
dire : Il n'y a plus d'enfants ? Il faut avouer que l'on
ne trouve certaines expressions trop choquantes que
parce qu'elles condamnent trop énergiquement le vice.
On sait bien, comme disait saint Augustin, que si nous,
pasteurs des âmes, nous disons des choses déshonnêtes, c'est pour empêcher d'aimer et de faire des
choses déshonnêtes. Aussi, témoin Anne Vigneron, ce
ne sont pas les âmes innocentes qui s'offensent de
notre langage. Malheureusement nous croyons le siècle si malade que nous n'espérons plus le guérir, que
nous ne croyons pas même prudent de chercher à
arrêter le torrent de la corruption par des expressions
saisissantes.

La plus grande union régnait entre le frère et
la sœur. Les récréations de Firmin consistaient à
dresser de petits autels et à y dire la messe ; celles
d'Anne Vigneron à chanter des cantiques, dont en
effet sa tête fut plus tard un répertoire et à aider
son frère dans son innocent ministère. Il faut dire
qu'elle se plaisait à chanter des chansons contre-révo-
lutionnaires, provocation bien inoffensive qui néanmoins, à cette époque de la Terreur, n'était pas sans

danger. La veuve Vigneron avait antérieurement mis son fils en pension à Bouvron, chez M. Remy, curé, homme d'une grande foi et d'une grande charité que j'ai encore connu. La tourmente révolutionnaire ayant éclaté, Firmin fut arraché à la tendresse de sa mère et de sa sœur, fut enrôlé pour le service militaire; éloigné de sa famille, il passa quelques années sous les drapeaux de la République; il exprimait, dans ses lettres à sa mère et à sa sœur, la grande douleur qui navrait son âme à la vue des profanations et des impiétés de la Révolution dont il était témoin forcé. Si la mère et la sœur de Firmin étaient affligées de le sentir privé des secours de la religion, elles étaient bien consolées de le voir persévérer et se fortifier dans les sentiments chrétiens. Sa mort, qui arriva après quelques années de service militaire, en leur causant une douleur profonde, mit fin aux alarmes que devait inspirer à des âmes chrétiennes, cette position si dangereuse pour un jeune homme constamment témoin d'excès en tout genre, propres à affaiblir la foi et à détruire l'innocence des hommes les plus forts et des âmes de la conscience la plus délicate. D'après ce que nous avons dit plus haut, il est aisé de conclure que la veuve Vigneron faisait prier fréquemment et travailler régulièrement sa fille. Elle avait le talent de lui faire aimer la prière et le travail. Elle-même s'occupait si peu de son corps qu'à peine consentait-elle à s'asseoir pour prendre une espèce de repas. Je dis une espèce de repas, cela n'est pas étonnant, car ceux qui aiment beaucoup à don-

ner aux autres, craignent toujours de se donner trop
à eux-mêmes. Elle fut presque l'unique institutrice
de sa fille, je dis presque l'unique institutrice, parce
qu'un homme bien recommandable, dont la veuve
Vigneron et sa fille n'ont pu apprécier que plus tard
les insignes services, contribuait beaucoup à faire l'é-
ducation de celle-ci ; assurément des parents qui
n'auraient pas été éclairés par les lumières de la foi
n'eussent guère songé à donner cet homme pour
instituteur à leur fille. C'était M. Finot, curé de Bouvron, vieillard octogénaire, accablé d'infirmités rebu-
tantes, prêtre catholique que la Révolution n'expulsa
pas du territoire français, grâce à son grand âge. La
veuve Vigneron se trouva trop heureuse de recueillir
ce prêtre de Jésus-Christ et d'acquérir un si beau
champ à sa charité et le reçut comme devant attirer
la bénédiction du Ciel sur sa maison (1). Il aurait bien
pu, en effet, dire à cette veuve ce que disait saint Paul
aux premiers chrétiens : Je vous donne plus que je
ne reçois de vous ; je reçois des biens temporels et je
vous donne des biens spirituels, car il donnait constamment de sages enseignements, des recommanda-
tions d'un grand sens qu'Anne Vigneron écoutait par

(1) Une lettre qu'a conservée et que m'a communiquée M. le
curé de Lagney suffirait pour faire connaître quelle hospitalité généreuse la veuve Vigneron aimait à donner à divers membres du
clergé épars par suite de la tempête révolutionnaire. Dans cette
lettre, datée de Trémonzey (Vosges), du 10 avril 1801, un religieux Capucin exprime sa plus vive reconnaissance à la veuve Vigneron pour la charité qu'elle a exercée à son égard, l'appelant sa
bonne mère, etc.

respect pour le prêtre et pour sa mère et qui lui servirent de règles d'une conduite sûre, tant pour la vie chrétienne que pour la vie civile. Une pareille manière d'élever une jeune fille serait un scandale pour le siècle et exciterait la pitié de beaucoup. Qu'on juge de l'arbre par les fruits et qu'on apprécie la valeur de l'éducation par les effets.

Cette époque de la jeunesse d'Anne Vigneron était une époque où l'on ne pouvait avoir de vertu qu'autant qu'on avait le courage de s'élever à l'héroïsme de la vertu. On avait à craindre la prison, la perte de ses biens, l'exil et même la mort, si l'on montrait de l'attachement à son devoir, surtout si l'on donnait retraite aux prêtres catholiques. C'est ce qu'au su de tout le pays faisait la veuve Vigneron, malgré les sanglants décrets de la République. Il était notoire, puisque le pays en faisait l'expérience, qu'on venait chercher tous les secours spirituels dans l'habitation de la veuve Vigneron ; on venait y entendre la messe, on y apportait des enfants à baptiser, on venait y recevoir la bénédiction nuptiale, on venait y chercher des prêtres pour administrer les malades. Aussi à quelles investigations tracassières ne fut-elle pas en butte, quelles vexations et même quelles violences n'essuya-t-elle pas de la part de la police révolutionnaire ? Un jour un commissaire qui avait l'ordre de faire disparaître tout signe religieux, toutes les croix, les statues et images des saints, vint, avec la brutalité du fanatisme de l'époque, la menace et les outrages à la bouche et brandissant son sabre, sommer la veuve

Vigneron d'enlever une statue de la sainte Vierge, placée sur sa cheminée et devant laquelle elle priait souvent. Avec une énergie qui croissait à raison de la violence de l'agression : Vous immolerez, dit-elle, en présence d'Anne Vigneron, vous immolerez ma fille, mais on n'enlèvera pas la statue de la sainte Vierge ! et l'agent révolutionnaire se retira vaincu. Anne Vigneron, témoin et actrice dans ces scènes d'héroïsme, dut nécessairement y puiser une grande foi. Quand il n'y avait point de prêtre chez la veuve Vigneron, elles se transportaient, elle et sa fille, quelquefois à deux ou trois lieues, soit pour entendre la sainte messe, soit pour recevoir les sacrements ; les mauvais temps, les chemins si impraticables d'alors, les tracasseries de la police n'étaient jamais des empêchements à ses yeux pour satisfaire sa dévotion. On lui connaissait une si grande foi que les prêtres catholiques lui confiaient en dépôt la sainte Eucharistie, qu'elle était autorisée à emporter et à conserver dans son domicile. La dame Martin, sa voisine, partageait ses dangers et ses vues ; leurs maisons se communiquaient par une porte inaperçue ; par là, elles pouvaient facilement déjouer les recherches de la police. Appuyée par plusieurs familles catholiques, la veuve Vigneron contribua beaucoup à maintenir la fidélité à l'Eglise dans la paroisse. Nous n'irons pas à la messe (de l'intrus), disaient les habitants, tant que nous n'y verrons pas aller Madame Vigneron. Elle s'était acquis une grande popularité par sa libéralité et par ses largesses non-seulement envers les pauvres, mais envers les puissants de l'époque, soit chefs de la garde nationale, soit agents de l'administration civile. On la tolérait malgré son opposition flagrante aux décrets de la Révolution, tout en la priant instamment de ne pas condamner si ouvertement par sa conduite l'état des choses du temps et l'abandonnant jusqu'à un certain point, comme je viens de le dire, aux vexations de quelques sbires, soit pour l'intimider, soit pour lui ôter de son crédit, ou pour écarter des principaux administrateurs de l'arrondissement la responsabilité de la conduite de la veuve Vigneron. Rendre gloire à Jésus-Christ était réputé acte de rébellion et crime de lèse-révolution. Les vengeances que se permettaient d'exercer de front à son égard quelques-uns des administrateurs de l'arrondissement étaient des railleries sur les alarmes de sa foi. Ainsi Gehin, sous-préfet de cette époque, faisant allusion à cette veuve, disait : Voici le temps de l'abomination de la désolation.

Citons un trait de sa vie qui constate que cette femme courageuse, qui n'était intimidée que par la crainte de mal faire, montrait la soumission la plus parfaite aux lois de l'époque quand la conscience le permettait. La Convention avait décrété que tous les Français s'engageraient par serment à apprécier à la même valeur dans leurs transactions l'argent sonnant et monnayé et le numéraire en assignats ; serment dont l'effet était d'opprimer les personnes consciencieuses, de faire prévariquer les faibles et d'accroître l'audace des hommes de désordre. L'administration locale crut avoir trouvé une occasion ou de surprendre la pru-

dence ou d'abattre le courage de la veuve Vigneron.
L'iniquité ne veut pas comprendre qu'en luttant avec
la vertu, elle ne peut que constater son impuissance
ou se couvrir de confusion ; ce qui eut lieu dans cette
circonstance. Les habitants furent convoqués à l'église
pour y prêter ce serment immédiatement après la
messe de l'intrus. La veuve Vigneron s'y rend suivie
d'une grande partie de la population. Elle est arrivée ;
entr'ouvrant la porte, elle s'aperçoit que la messe
n'est pas finie, on était au dernier Evangile, elle se
retire refermant la porte. Quelle ne fut pas la colère
des membres de la municipalité, présents à l'église !
On suppose bien que la sainteté du lieu n'en arrêta
pas l'explosion ! La veuve Vigneron vint quand il en
fut temps prêter ce serment, qu'elle garda mieux assurément que ceux qui l'imposaient, car, dit sa fille, elle
le garda consciencieusement.

CHAPITRE III.

SON MARIAGE.

> Quand il sera temps pour vous de
> choisir un état, prenez conseil
> des personnes sages et éclairées.
> (*Eccl.* 27.)

Faisant allusion à son mariage, Anne Vigneron disait souvent : Les bons mariages sont faits au ciel. Ce mariage, en effet, se fit d'une manière providentielle en faveur de jeunes gens qui méritèrent la protection de Dieu par leur innocence, qui n'entrèrent pas dans le mariage poussés par des vues charnelles; car ils se marièrent, on peut le dire, par obéissance à leurs parents, ne se connaissant et ne s'aimant que par leurs parents. On comprend que ces jeunes gens ne pussent être pressés à contracter mariage. Jean-Claude Collin avait 18 ans et Anne Vigneron 17 ans, habitant des localités différentes. L'innocence d'Anne Vigneron qui ne connaissait et n'aimait que sa mère, les habitudes paisibles et la conduite régulière de Jean-Claude Collin leur faisaient chérir le régime paternel et maternel et leur en faisaient apprécier les douceurs

et désirer la prolongation. Il est vrai qu'Anne Vigneron étant restée fille unique avec une fortune considérable était, malgré sa grande jeunesse, recherchée par
des partis séduisants au point de vue de leur fortune
ou de leur position ; mais la mère, femme d'un sens
droit comme on doit le comprendre de la part d'une
mère que la foi éclaire et dirige, se défiant de ce
qu'elle ne connaissait pas par elle-même, ne se laissa
pas charmer par d'éblouissants dehors, pas plus que
la fille, qui ne voyait que par les yeux de la mère.
Anne Vigneron, dans une des plus importantes affaires,
le choix d'un état de vie, était bien éloignée de prendre la liberté d'agir sans conseil et sans conseil de sa
sublime mère. Du reste, elle se plaisait trop bien en sa
compagnie pour désirer changer de position. La mère
prévoyait l'établissement de la fille dans un avenir
plus ou moins éloigné et le préparait. Elle connaissait
depuis longtemps M. Collin, propriétaire considérable
et cultivateur à Ménil-la-Tour, qu'on pouvait bien qualifier de patriarche des champs, vu la simplicité de ses
goûts, de ses mœurs, son bon sens exquis, sa probité
incontestée, mais dont la fortune, eu égard à sa nombreuse famille, était inférieure à celle de la veuve Vigneron. Mais aux yeux de la veuve Vigneron et de sa
fille, les principes, les mœurs étaient tout et le reste
un accessoire. Il n'y avait pas lieu d'appliquer à la
détermination que prenait cette mère éclairée concernant le mariage de sa fille la réflexion que faisait
M. Dagatte, curé de Pompey : Quand on fait les mariages, disait dans son langage pittoresque ce prêtre

zélé, on tient à mettre des champs avec des champs, des vignes avec des vignes, et on donne la personne par dessus. Le choix que la veuve Vigneron avait fait du fils aîné de M. Collin était arrêté et l'avenir vérifia la sagesse de ce choix. L'époux que la fille choisissait, elle le choisissait ; bien plus elle le voulait, parce que la mère le présentait. Le mariage était bien décidé, mais les parents et surtout les jeunes gens en désiraient l'ajournement. Les événements politiques ne permirent pas de le différer plus longtemps. En vertu d'un décret de la Convention, les hommes de l'âge de 18 ans et au-dessus jusqu'à 60 étaient requis pour le service militaire, à moins qu'ils ne fussent mariés pour une époque déterminée. Jean-Claude Collin était compris dans cette classe et devait être appelé sous les drapeaux, s'il ne se mariait prochainement. La crainte révérentielle et filiale et encore sans doute la peur du service militaire entrèrent pour beaucoup dans la détermination de Jean-Claude Collin à contracter cette alliance aussi promptement. Un prêtre catholique, recueilli et caché chez la veuve Vigneron, bénit ce mariage.

CHAPITRE IV.

ANNE VIGNERON SE REND DIGNE DE TOUTE LA CONFIANCE DE SON MARI.

> Le cœur de son mari met sa con-
> fiance en elle et sa maison sera
> dans l'abondance. (*Prov.*)

Ce qui commence par les ris finit ordinairement par les pleurs. Des jeunes gens qui ne tiennent l'un à l'autre que par les liens d'une amitié aveugle et cri- minelle, sont-ils réunis irrévocablement par le ma- riage qu'ils ne peuvent plus se supporter, ne pouvant avoir ni estime ni confiance l'un envers l'autre. « Or, » la confiance, dit Mgr Landriot, c'est l'âme de la » vie, le bonheur de l'existence, le charme des rap- » ports, le lien des cœurs. La confiance, c'est tout » dans la vie. Là où la confiance n'existe point, c'est » la mort, et quelque chose de pis que la mort, c'est- » à-dire une vie qui n'a point ses éléments et dont la » respiration est continuellement oppressée. » Le triomphe de la vertu d'une épouse est de conquérir la confiance de son époux et réciproquement. La conformité des principes, des goûts et des vues, la conscience qu'ils avaient de ne s'être jamais manqué de respect l'un à l'autre ne put avec les années que fortifier l'union de ces cœurs si droits.

Jean-Claude Collin ne fit qu'apprécier de plus en plus les qualités de son épouse. Il lui avait donné toute sa confiance et elle la méritait sous tous les rapports, sous le rapport de l'intelligence, de l'activité et des vertus de son état. Elle dirigeait tout, veillait à l'exécution de tout, savait en même temps aplanir les difficultés sans violence et sans faiblesse ; tant de propriétés à faire valoir, activité et même vivacité dans les discussions sans laisser s'échapper de ces paroles qui souvent laissent d'amers regrets et à ceux qui les ont proférées et à ceux à qui elles s'adressent ; quelle prudence n'a-t-elle pas eue de tant parler parce qu'il était à propos de parler et de ne pas s'attirer de graves reproches, en sorte qu'on peut lui appliquer ces paroles de Madame Dacier : Le silence est l'ornement des femmes ! Je parle d'un silence de prudence ; tant de procédés déloyaux à supporter pacifiquement, tant de marchés et de transactions non-seulement sans reproches et sans procès, mais dont le résultat était d'augmenter la confiance envers la famille ; tant d'ouvriers à employer sans se les désaffectionner. On peut bien appliquer à Anne Vigneron ces paroles de Mgr Landriot : « La femme » forte est la gloire de son mari, elle le soutient dans » sa peine, elle reçoit dans son cœur les larmes qu'il » verse et les change en rosée d'affection, elle est pour

» lui une source de bons conseils et de sage appré-
» ciation des hommes et des choses et sous ce rapport
» elle complète l'intelligence de l'homme avec son
» tact des choses délicates et sa finesse d'observation,
» elle découvre les piéges cachés partout et devine
» souvent ce qu'il serait trop tard d'éviter au moment
» du péril. »

CHAPITRE V.

SOLLICITUDE ET VIGILANCE D'ANNE VIGNERON A L'ÉGARD DE SES DOMESTIQUES ET DE SES OUVRIERS.

> Si quelqu'un n'a pas soin des
> siens et particulièrement de
> ceux de sa maison, il a renoncé
> à sa foi et il est pire qu'un in-
> fidèle. (Iʳᵉ *Epître à Timothée.*)

« Grâce à l'esprit d'orgueil, d'indépendance et
» d'irréligion répandu partout, dit Mᵍʳ Landriot, les
» bons domestiques sont très-difficiles à trouver et
» peut-être aussi les bons maîtres ; on peut dire que
» les mauvaises qualités des domestiques augmentent
» celles des maîtres et réciproquement. Les domesti-
» ques ont des prétentions exagérées ; ils ne peuvent
» pas souffrir la moindre représentation, tout les
» blesse, et d'un autre côté, les maîtres ne comman-
» dent peut-être pas assez chrétiennement. Aussi par-
» tout l'on entend un concert général de plaintes et
» de récriminations ; les maîtres accusent les domes-
» tiques et les domestiques ne ménagent guère le

» maîtres. » Les devoirs envers les domestiques sont
en grande partie renfermés dans ces paroles : « Elle
» (la femme forte) se lève avant le jour et elle distri-
» bue le travail et la nourriture à ses domestiques. »
« Voyez le soleil, dit Mgr Landriot, il se lève sur l'ho-
» rizon et en versant sa lumière, il semble aussi dis-
» tribuer le travail à chaque créature et comme ré-
» compense, il prépare à l'avance tous les aliments
» qui doivent la soutenir... La femme, dit la sainte
» Ecriture, doit être le soleil de sa maison ; elle doit
» éclairer et échauffer comme l'astre du jour. Elle
» éclaire en indiquant à chacun ce qu'il doit faire dans
» l'intérieur, elle partage le travail, elle le distribue en
» de sages et convenables proportions ; et quand les
» choses sont ainsi réglées dès le matin, elle en sur-
» veille l'exécution. » Anne Vigneron se levait matin ;
les domestiques, ayant la conviction qu'elle avait
l'œil ouvert à tout, obéissaient à son coup-d'œil
comme au moniteur le plus sévère et le plus doux, vu
la bonté et la fermeté de sa conduite à leur égard. Il y
a beaucoup de maîtres qui traitent leurs domestiques
humainement au point de vue temporel, mais non-
seulement les négligent au point de vue spirituel,
mais leur rendent impossible la pratique de leurs devoirs de chrétiens et travaillent par leurs exemples et
leurs discours à faire perdre à leurs domestiques tout
sentiment religieux. Maîtres insensés ! comme si les
serviteurs les plus chrétiens n'étaient pas les plus
fidèles ! Il y a des maîtres que la haine contre la religion aveugle au point qu'ils préfèrent des domesti-

ques impies et mauvais serviteurs à des domestiques bons serviteurs, mais religieux.

Anne Vigneron avait à cœur de faire remplir aux domestiques leurs devoirs de chrétiens, ne souffrant pas qu'ils manquassent aux offices pour la garde des bestiaux ; veillant à la pureté des mœurs, n'ignorant pas combien est dangereuse la cohabitation d'un domestique et d'une servante dans la même maison, mettant en pratique cet avis de Mgr Landriot : « Vous ne » pouvez pas tout faire, au moins faites quelque chose, » et alors que vous ne ferez pas tout, ayez l'œil par- » tout. La femme forte, selon la belle image des livres » saints, est vraiment comme le soleil dans l'intérieur » de la maison. Supposez que le soleil disparaisse tout- » à-coup : les objets de la nature resteraient les mêmes, » mais bientôt tout s'éteint, tout se dessèche et meurt : » que l'astre du jour revienne sur l'horizon, aussitôt » tout renaît, tout s'échauffe, s'anime et se déve- » loppe. »

CHAPITRE VI.

SON CONCOURS POUR L'AUGMENTATION DES BIENS REÇUS DES ANCÊTRES.

> L'homme dont l'épouse est ver-
> tueuse possède en elle le prin-
> cipe et le commencement de la
> richesse. (*Ecclés.*, 36, 26.)

« Ici, dit Mᵍʳ Landriot, la femme doit subordonner
» ses volontés à celles de son mari, elle peut agir par
» insinuation, conseils, prières, mais les décisions der-
» nières doivent partir du chef de la maison. Aussi
» supposons-nous toujours qu'elle agit de concert avec
» son mari et que tout est décidé d'un commun accord.
» Elle a considéré un champ, dit la sainte Ecriture,
» elle ne doit rien faire à la légère, elle doit examiner
» sérieusement ; car il est des propriétés dont l'acqui-
» sition est onéreuse, il en est d'autres qui sont un
» agrément et une richesse. Elle ne doit rien acheter
» si elle n'a pas de quoi payer ; et n'est-ce pas une des
» plaies de notre époque qu'on dépasse en fait d'acqui-
» sition ses revenus et ses capitaux ? Aussitôt qu'on

» aperçoit un coin de terre en vente, on jette sur lui
» un regard de convoitise ; on n'a rien dans sa bourse ;
» n'importe, on achète, et l'avenir paiera. Cette ambi-
» tion qui se rencontre à petites comme à grandes
» doses, selon les positions, est, à notre époque, une
» des causes principales de souffrance..... Aussi la for-
» tune de plusieurs est artificielle. C'est une brillante
» devanture qui cache des ruines. »

Anne Vigneron était ennemie du clinquant et aimait
à citer cette parole d'un villageois : *Autrefois il y
avait des riches cachés, maintenant il y a des pauvres cachés.* Elle contribua assurément beaucoup, par
son esprit d'ordre et ses conseils, à l'amélioration du
bien-être matériel de la famille ; mais elle n'aurait jamais permis de manquer aux lois de l'honneur et de la
probité, et n'aurait voulu imaginer, comme dit Mgr Landriot, « ces fraudes parfaitement colorées, ces habile-
» tés humaines qui mériteraient un nom que je n'ose
» prononcer ici, ces précautions ingénieusement per-
» fides qui deviennent pour le pauvre prochain comme
» ces filets tendus dans les buissons à l'innocent ani-
» mal de la prairie. Non, la religion n'approuvera ja-
» mais des fortunes ainsi faites. »

CHAPITRE VII.

SA FORCE MORALE.

> La force est son vêtement et son
> dernier jour sera plein de joie.
> (*Proverbes*, 31.)

Combien d'occasions ne trouva-t-elle pas de déployer sa force morale !

Au milieu des contrariétés de tous genres, des pertes de biens, des revers de fortune essuyés par plusieurs de ses enfants, au milieu de tracasseries survenant par tant de sources à une famille de dix enfants, cette mère, qui a parcouru une si longue carrière, s'est-elle laissé abattre ? Dans les deux invasions des troupes coalisées, elle ne se laissait intimider ni par la violence des soldats brutaux dont elle ne comprenait pas la langue, ni décourager par l'enlèvement sinon complet au moins d'une partie considérable de l'attelage de la maison, non plus que par les lourdes charges imposées à un pays limitrophe du théâtre de la guerre. Après une année désastreuse par la perte d'un grand nombre de bestiaux, par des récoltes nulles (1816), elle fit une grave et longue maladie. Cette maladie l'ayant réduite à l'extrémité, elle craignit de mettre à une trop forte épreuve le courage de son mari à qui elle cherchait à cacher le danger de sa position, se faisant administrer les sacrements en son absence et à son insu. On a dit : La femme est un tyran déguisé en esclave. Anne Vigneron n'était pas un tyran et ne cherchait pas à se donner des airs d'esclave. Elle avait l'âme si élevée, si généreuse, qu'elle ne cherchait rien autre chose qu'à remplir sa mission, n'ayant pas la pensée de se prévaloir de la confiance de son mari pour manquer de déférence à son égard ou pour lui faire subir la plus légère humiliation. Comment l'union aurait-elle pu s'affaiblir entre de tels époux ? L'épouse faisait tout ce qui pouvait lui mériter la confiance de son époux, et l'époux ne cessait d'exalter son épouse et de remercier Dieu de lui avoir donné cette femme vertueuse.

CHAPITRE VIII.

SA PIÉTÉ.

> La piété est utile à tout. C'est elle
> qui a la promesse de la vie pré-
> sente et de la vie future.
> (*Ire Epître à Timothée.*)

Le sexe est qualifié de sexe dévot, c'est là son plus
beau titre. Les qualités estimables que nous avons si-
gnalées dans Anne Vigneron nous disent assez qu'elle
était pieuse. Aussi Jean-Claude Collin, qui lui-même
était pieux, voyait-il avec joie arriver les jours de communion de sa femme, jours qui étaient fréquents et
que son mari aurait encore désiré voir se renouveler
plus souvent, disant avec la simplicité de la foi : Pourquoi donc les femmes ne communient-elles pas plus
souvent? Je dois dire que si Anne Vigneron ne s'ap-
prochait pas plus souvent des sacrements, elle était
retenue par l'appréhension de manquer des dispositions nécessaires. Elle souffrait beaucoup de voir la légèreté avec laquelle certaines personnes recevaient les

sacrements. C'est au sujet de cette légèreté qu'un pieux laïque disait avec douleur : La manière de recevoir les sacrements est vraiment une dérision.

Vu sa piété, on ne peut s'étonner de son zèle à faire des reposoirs à la Fête-Dieu avec le plus de pompe possible, parvenant par ses démarches à surmonter les obstacles que pendant plusieurs années l'administration forestière croyait devoir mettre à la coupe des feuillages propres à orner l'église et les reposoirs. Quelle n'était pas son exactitude à observer et à faire observer les lois de l'abstinence ! Dans un état de convalescence, ayant un besoin pressant d'un bouillon gras, elle eut le courage d'attendre encore assez longtemps, pour en user, le retour de la personne qui était allée demander pour elle la permission à M. le curé de la paroisse ; elle a souvent été obligée de recourir à des expédients pour se procurer en maigre les aliments nécessaires et cela pendant une longue période de temps. Ainsi en fut-il en 1825. Durant le Carême de cette année, l'usage de tout aliment gras fut absolument interdit. Anne Vigneron avait à donner à manger, et à des heures différentes, parce que les ouvriers se succédaient pour prendre leurs repas. Ainsi en certains intervalles elle avait à faire à manger à des ouvriers à la vigne, à des hommes de charrue, à des batteurs à la grange, à des hommes travaillant le chanvre, sans délibérer si elle demanderait un adoucissement pour l'observation de la loi. Longtemps avant qu'elle ne se fixât définitivement à Liverdun, elle vint passer plusieurs jours au presbytère de cette paroisse

pour faire une confession générale, priant à cet effet
M. le curé de Remenauville de lui accorder son ministère. M. le curé de Remenauville voulut bien se
transporter sur les lieux pour se prêter à ses pieuses
intentions. A différentes reprises, elle passa plusieurs
heures consécutives au confessionnal. Que cette conduite d'une personne éclairée doit paraître étrange à
tant de gens qui, après avoir vécu de longues années
sans conscience et éloignés des sacrements, ne se re-
prochent rien! Peut-on supposer que ces sortes de personnes n'aient vraiment aucun reproche à se faire
quand on entend le comte de Maistre dire : La vie
d'un honnête homme est abominable? Le comte de
Maistre n'avait pas toujours été un fervent chrétien,
mais il fut toujours un honnête homme. Rien qui
rende raisonnable comme la vraie piété! car ce qui
fait faire fausse route à notre raison, ce sont nos passions et il n'y a que la piété qui nous donne la force
de les maîtriser. La passion de la haine et de l'orgueil
n'influait pas sur les jugements qu'Anne Vigneron
portait sur les différentes personnes ; estimant la vertu
là où elle la découvrait et méprisant le vice là où elle
le rencontrait, sans distinction de parents, d'amis, d'é-
trangers ou d'ennemis. Un effet de sa piété était son
zèle à aider aux vocations religieuses et à les dévelop-
per. Anne Vigneron disait à une de ses filles, dame
Michel : Que je suis contente de te voir beaucoup de
filles! tu pourras en faire des Sœurs! Elle tenait à
avoir des vocations religieuses, mais non des vocations
défectueuses. Elle avait à cœur de suggérer des motifs

chrétiens et de flétrir les motifs bas et terrestres, tels qu'en ont certaines personnes qui conseillent d'embrasser l'état ecclésiastique ou l'état religieux dans le but de vivre plus à son aise que si on restait dans le monde. Je ne puis mieux définir son zèle pour les vocations religieuses que de le comparer à celui de sa respectable mère qui exaltait sans cesse, dans son langage surnaturel, le bonheur du prêtre, elle entendait le bonheur du bon prêtre. Aussi c'est avec confiance que la première fois que j'ai offert le saint sacrifice après la mort de ma mère, je l'ai offert pour le repos de son âme. Mon Dieu, disais-je, il est bien juste que je vous offre le saint sacrifice pour celle qui m'a fait prêtre.

CHAPITRE IX.

SA CHARITÉ.

> La piété pure et sans tache aux
> yeux de Dieu notre père est
> celle-ci : Visiter les orphelins
> et les veuves dans leurs afflic-
> tions et se préserver de la cor-
> ruption du siècle. (*S. Jacques*,
> 1, 27.)

Quelle jouissance elle goûtait d'exercer la charité
dans les soulagements qu'elle cherchait à procurer
aux pauvres, surtout aux pauvres malades! leur faisant des sirops, des tisanes, les visitant, les disposant
à la réception des sacrements et à faire une bonne
mort. Combien de fois je lui ai entendu dire : C'est
une bien bonne œuvre de soigner les pauvres malades! Rien en effet n'est plus digne de compassion
que l'indigence jointe à l'infirmité. Elle aimait à rappeler l'exemple de M. Dourche, père de M. le curé de
Colombey. M. Dourche, disait-elle, n'hésitait pas de
donner aux nécessiteux ce qu'il avait de plus exquis

soit en linge, soit en secours d'autre genre. Le regret
d'Anne Vigneron était de ne pouvoir rendre plus de
services, de ne pouvoir venir plus en aide aux malheureux qu'elle ne le faisait, et cependant on peut
dire qu'elle se privait du nécessaire, malgré les obser-
vations qu'elle recevait à ce sujet, pour pouvoir servir
ses vues de charité. Aussi le public ne put-il méconnaître son dévouement aux malheureux. En l'an 1825,
à la suite d'une mission donnée à la paroisse de Lagney, une association de charité, composée des mères
de famille, fut établie dans le but de concourir au sou-
lagement des pauvres, surtout des pauvres malades et
pour les aider à bien mourir. Elle en fut d'abord nom-
mée préfète et les mères de famille lui en conti-
nuèrent les fonctions par leurs suffrages jusque vers
l'an 1853, où elle prit domicile à Liverdun. Jean André
donna une marque bien éclatante de la confiance que
lui inspirait la charité d'Anne Vigneron. Jean André
était un honnête homme qui avait été maire sous
l'Empire et qui fut remplacé dans ses fonctions de
maire par Jean-Claude Collin. Cette substitution avait
pu occasionner un refroidissement entre les deux familles. Jean André, étant tombé malade, fut visité
par Anne Vigneron qu'il accueillit avec beaucoup de
cordialité. Il avait négligé la pratique de ses devoirs
depuis un grand nombre d'années, et même avait
gardé de fortes préventions contre les personnes religieuses. Anne Vigneron lui parla avec tant de prudence et de charité sur la nécessité de se réconcilier
avec le Bon Dieu, que non-seulement il se décida à

demander les sacrements, mais il s'abandonnait avec la confiance d'un enfant à la disposition d'Anne Vigneron, la priant de lui faire son examen de conscience. Il déclara en cette circonstance que, quoique n'ayant pas rempli ses devoirs de chrétien, il n'avait pas omis un seul jour de réciter les litanies de la sainte Vierge, nouvelle marque de la protection de Marie envers ceux qui l'invoquent. Combien Anne Vigneron dut être heureuse d'avoir été l'instrument de la miséricorde de Dieu envers ce moribond! Car la charité tenant plus à procurer le salut des âmes qu'à sauver et à soulager les corps, cette femme chrétienne dut être au comble de ses vœux d'avoir aidé ce vieillard à mourir dans la grâce de Dieu. Que la charité est différente de la philanthropie qui, sous le voile de l'amour des hommes, cache souvent sa haine de Dieu. Nous ne sommes pas assez généreux, les hommes ne sont pas assez aimables pour pouvoir les aimer autrement que par amour pour Dieu.

CHAPITRE X.

ANNE VIGNERON PERD SON ÉPOUX.

> Qui eût pu rompre les liens
> de notre amour mutuel,
> sinon la mort? (*S. Bernard*, sermon 26.)

Anne Vigneron justifia bien après la mort de son mari la confiance que celui-ci avait en elle. A l'âge de 50 ans, Jean-Claude Collin eut une attaque qui le paralysa d'un côté ; sa femme, le voyant atteint d'une si grande infirmité : Ah ! si le Bon Dieu, s'écriait-elle, voulait seulement me le conserver longtemps en cet état ! Elle eut la consolation de le voir recevoir les sacrements en pleine connaissance, mais il vécut peu de jours après avoir été frappé de cette attaque. Il mourut à Lagney, regretté des honnêtes gens et respecté dans le pays. A sa mort, M. Sauret, curé de Lagney, me dit en pleurant : On ne sait pas combien votre père était bon! Il entendait parler de son amour pour le bien, car c'est en cela que consiste la vraie bonté.

Si la douleur d'Anne Vigneron semble s'adoucir par le nombre des années, on peut bien certifier la sincérité et la durée de ses regrets. Il est facile de juger, que même plus jeune, elle n'eût consenti à entendre aucune proposition de contracter un nouveau mariage. Elle aimait et estimait bien trop son mari défunt, dont elle se plaisait à rappeler les bonnes qualités, pour espérer les retrouver dans un nouveau mari. Pour confirmer l'appréciation que j'ai faite des qualités d'Anne Vigneron, j'ajouterai le témoignage de Madame Blanchard, demoiselle Simonet, de Toul, dame d'une haute raison et digne de sa mère. M. Simonet était avocat à Toul. Le lecteur me permettra volontiers de l'entretenir un instant de la conduite pleine de charité de Madame Simonet, d'autant plus que les deux familles Simonet et Collin étaient fort liées. Le typhus ravageait en 1813 l'armée française, après la campagne de Russie. La charité de Madame Simonet était si connue que l'administration municipale lui proposa de recueillir à leur passage les glorieux et malheureux débris de l'armée et de leur donner l'hospitalité, ses peines et ses soins, car les hôpitaux ne suffisaient plus aux troupes qui passaient par Toul et la maison de M. Simonet était d'un grand secours en pareille extrémité. Le spectacle que m'offrit cette maison, où j'étais alors en pension, fut des plus touchants durant le cours de l'épidémie. Elle était convertie en une véritable ambulance, à la différence qu'une ambulance ne voit pas ses habitants se renouveler tous les jours, tandis que la maison de

M. Simonet ne désemplissait pas et sans désemplir se renouvelait souvent à toutes les heures. C'était un va-et-vient continuel de malades, d'infirmes qu'on amenait ; on se rappelle encore d'avoir vu ces longs chars de cultivateurs s'arrêtant devant la maison Simonet. Tous étaient accueillis avec joie, étaient servis avec la plus grande bonté, avec le plus vif empressement et recevaient tous les soins qu'il était possible de leur donner. Après avoir été réchauffés, restaurés physiquement et fortifiés moralement par quelques bonnes paroles comme en sait dire une chrétienne, ils prenaient congé de cette bonne dame, seconde Providence, en la bénissant. Ceux qui, étant trop malades, ne pouvaient continuer leur route, étaient déposés dans des écuries situées dans la même rue, où des habitants charitables de la ville de Toul avaient fait transporter des lits. Ces écuries devinrent, à leur tour, le théâtre de la charité des demoiselles Simonet et de plusieurs dames et demoiselles; deux demoiselles Simonet furent atteintes de l'épidémie, la domestique succomba victime de son dévoûment, et M. Blanchard, médecin, gendre de M. Simonet, contracta, en donnant ses soins, une maladie qui, après l'avoir fait languir plusieurs années, finit par le conduire au tombeau. Des personnes de toutes les classes et de tous les âges voulurent concourir à la bonne œuvre, au moins par offrande de secours, tabac, linge, etc., jusqu'aux enfants de 10 à 12 ans, qui apportaient des confitures et autres douceurs. La mémoire de ces beaux exemples est encore toute vivante dans la ville de Toul. Du côté de plusieurs des hôtes si bien hébergés par Madame Simonet, la reconnaissance n'expira pas sur le seuil de la porte; car des militaires, plusieurs années après, passant par Toul et ne pouvant s'y arrêter, prièrent les personnes qu'ils trouvèrent sur leur passage de renouveler en leur nom leurs remerciements à Madame Simonet. D'autres, étant en garnison à Toul, vinrent dans les mêmes intentions se présenter à son domicile. Un de ses petits-fils, professeur de philosophie à La Châtre, dans le Berry, eut la satisfaction d'entendre, loin de son pays, répéter avec reconnaissance et admiration le nom de son aïeule, sans doute par un de ces heureux malades. Quoique ces actes de reconnaissance soient bien naturels, on les signale avec plaisir, car ils honorent l'humanité. Ce qu'il y a de plus surprenant, c'est que la charité et le dévoûment de Madame Simonet lui aient donné de pouvoir à son âge (elle touchait à la vieillesse) suffire à ces fatigues perpétuelles et extraordinaires. Le ministère que cette pieuse dame avait accepté de servir un public composé d'hommes de mœurs et d'éducation si différentes, qui, les uns, voulant être servis tous à la fois, qui, les autres, ayant des exigences peut-être plus outrecuidantes, mettaient bien quelquefois sa patience à l'épreuve. Cette bonne dame conservait tout son sang-froid, les servait tous, mais sans négliger les humbles au profit des indiscrets. Je reprends le cours de mon récit. Je me crois en droit d'appliquer à Anne Vigneron ces paroles de Mgr Landriot : « Une femme

» excellente est le plus précieux trésor pour une mai-
» son, c'est la vie de l'intérieur, c'est la vie avec ses
» mille reflets gracieux ; c'est l'âme qui pénètre tout
» et laisse partout la trace de ses contacts délicieux.
» Rien n'est meilleur qu'une excellente femme, dit
» saint Grégoire de Nazianze, rien n'est pis qu'une
» mauvaise. » J'ajouterai avec Louis Veuillot : « Rien
» n'est hideux et absurde comme une femme impie. »

CHAPITRE XI.

ANNE VIGNERON MÈRE DE FAMILLE.

> Ils semaient dans les pleurs,
> ils moissonnaient dans la
> joie. (*Ps.* 125.)

« La mère ! après celui de Dieu, dit le P. Marchal,
» son nom est resté le plus doux mot de toute langue
» humaine, comme il en est le plus sacré ; c'est le
» nom béni que notre cœur prononce avant de l'avoir
» appris et dont le souvenir laisse dans la mémoire,
» après tous les orages, un parfum qui ne sait pas ta-
» rir. Pourquoi ce charme ? C'est que la mère est sur
» la terre la plus douce et la plus pure personnifica-
» tion de l'amour.... Quand elle nous a reçus dans
» ses bras pour la première fois ; quand elle nous
» a contemplés d'un insatiable regard, en s'extasiant
» dans la vision de son image, qu'elle a senti comme
» une puissance mystérieuse qui la penchait vers
» nous.... son cœur lui a dit que cet être si cher et si
» frêle ne pourrait vivre que par son amour et croître
» que par son dévouement. Elle a appris des besoins de

» son cœur, des faiblesses de son enfant et des sympa-
» thies qui les rapprochent, qu'aimer en s'immolant
» est la loi spéciale de sa vie... Ce qui constitue avant
» tout la grandeur du caractère, c'est l'amour de la
» justice, allant jusqu'à l'oubli de l'intérêt propre et,
» s'il le faut, jusqu'au mépris de la mort. Tant qu'on
» veut jouir et qu'on craint de mourir, il n'y a rien à
» espérer de l'homme dans les grandes occasions...
» Malheur à celui qui préfère la vie à la justice (1) !

» Heureux les peuples où les mères ont assez de
» vertu pour ne point répudier la gloire de leur sacer-
» doce comme un fardeau ! Dans notre pensée, nous
» ne mettons rien au-dessus de l'abnégation. Si nous
» nous plaisons à mettre sur des trônes invisibles les
» grandeurs qui ont conquis notre admiration, sur le
» premier de ces trônes, nous plaçons le dévoue-
» ment. » Le premier devoir d'une mère de famille
est de consentir à être mère de famille ; à ne pas
tromper les vues du créateur quoi qu'il en coûte, car
une bonne mère aime ses enfants, même avant leur
naissance. La douleur dans le sacrifice ! Voilà la gloire
et la joie de la mère chrétienne. La femme sans religion
comprend-elle cette noble mission ? La femme qui a
un si riche trésor d'amour dans son cœur quand elle

(1) Lorsque l'héroïque roi de Pologne, Jean Sobieski, monta à
cheval pour courir au secours de Vienne, assiégée par les Turcs, la
reine son épouse le regarda en pleurant et en embrassant le plus
jeune de ses fils. « Pourquoi pleurez-vous, Madame ? lui dit le hé-
ros. Je pleure, répond cette mère, de ce que cet enfant n'est pas
encore en état de vous suivre comme les autres ! »

n'aime pas, l'épouse son mari, la mère ses enfants, devient un prodige d'égoïsme. Aussi « toute femme mon-
» daine est à elle-même son idole et quelle idole ! Une
» idole capricieuse, volage, sensuelle, intéressée, cri-
» minelle quelquefois, stérile toujours. Le foyer lui
» est triste comme une prison. Elle a par-dessus tout
» horreur de la famille... Elle ricane lâchement contre
» le prêtre et l'Eglise, qui lui demandent de répondre
» au vœu de la nature, à l'appel de la Providence. »

Anne Vigneron eut 14 enfants dont 10 furent établis, 4 étant morts en bas-âge. Un de ces hommes, qui en si grand nombre se voient confondus par les bons exemples, paraissait prendre en pitié le grand nombre d'enfants d'Anne Vigneron : Qu'il sache, dit Anne Vigneron à qui on communiqua cet ignoble reproche, qu'il sache ce monsieur qu'au moins c'est nous qui nourrissons nos enfants et non le Gouvernement. Cet individu avait des enfants à l'hospice des enfants trouvés. Jean-Claude Collin, son mari, était bien dans les mêmes sentiments. Si mes enfants, disait-il, sont honnêtes gens, ils auront assez ; s'ils ne sont pas honnêtes gens, je leur en laisserai encore trop.

Pour être bonne mère, il faut en connaître les devoirs, aimer à les remplir et avoir la force de les remplir. Quelle force ne faut-il pas avoir pour être au-dessus des faiblesses d'une mère, car combien n'y a-t-il pas de mères qui sont semblables « à cette petite
» maman, qui, dit Louis Veuillot, n'exige de ses en-
» fants ni travail, ni vertu, et qui pardonne tout,

» pourvu qu'on la caresse ! » Un proverbe dit : Le père aime sagement et la mère tendrement. On peut bien assurer qu'Anne Vigneron aimait ses enfants sagement et tendrement. D'après ce que nous avons vu de ses vertus, de sa capacité, de sa piété, de son amour pour la justice, de sa charité, nous concluons combien cette femme méritait d'être mère de famille, parce qu'elle en comprenait la responsabilité aux yeux de la conscience. Elle tenait encore plus à être la mère spirituelle de ses enfants qu'à en être la mère charnelle ; aussi avec quelle sollicitude n'a-t-elle pas, durant sa longue carrière, rempli son noble et laborieux ministère !

Son zèle pour inspirer la piété. — C'était surtout concernant la pratique des devoirs du chrétien qu'elle se rappelait cette maxime : Commande et ne fais pas faire et rien ne se fera. Elle avait à cœur de maintenir l'usage de dire la prière en commun et voulait que ce fût dans une attitude de respect ; les prières avant et après le repas ; en hiver une lecture de piété, chantant et faisant chanter des cantiques aux enfants, tenant à signaler les fautes ordinaires de l'enfance pour les faire éviter, prenant pour sujets de conversation des objets qui pouvaient édifier, recommandant à l'estime et au respect les personnes chrétiennes, s'entretenant sur l'objet des fêtes qu'on devait célébrer prochainement, s'assurant si l'on avait été attentif aux instructions faites à l'église ; nous inspirant par son exemple un grand respect pour notre aïeule, sa mère, qui nous entretenait constamment de sujets pieux,

nourrissait notre esprit et notre cœur de sages maxi-
mes: *La messe ne retarde pas, l'aumône n'appauvrit
pas, le travail du dimanche n'enrichit pas. — Cher-
chez avant tout le royaume de Dieu et sa justice et
le reste vous sera donné par surcroît.*

Elle comprenait qu'une mère n'est véritablement
la mère de son enfant qu'autant que cet enfant peut
dire : Ma mère est véritablement ma mère, car je lui
dois non-seulement ma vie, mais je lui dois ma vertu.
Lorsque ses enfants furent établis, elle ne se crut pas
dispensée de leur rappeler leurs devoirs avec le zèle et
la prudence que déterminaient les circonstances.
Elle tenait surtout à leur inspirer un grand respect
pour les prêtres. Combien de fois n'a-t-on pas répété
dans la maison paternelle ces paroles de saint Fran-
çois d'Assise : Si je rencontrais un prêtre et un ange,
je saluerais le prêtre avant de saluer l'ange. Anne Vigneron et Jean-Claude Collin, son mari, s'observaient
bien scrupuleusement pour ne pas affaiblir dans l'âme
de leurs enfants le respect pour leur pasteur. A raison
de leurs relations avec les prêtres, ils recevaient souvent
avec confiance et bonheur leurs visites et leurs avis
qu'ils goûtaient et dont ils cherchaient à faire apprécier la sagesse à leurs enfants. On aurait pu peut-être
attribuer à quelques-uns de ces prêtres des actes re-
grettables ou se plaindre de quelques-uns de leurs
procédés. Il en eût été ainsi que les enfants d'Anne
Vigneron n'en eussent pas moins regardé les prêtres
comme la classe la plus honorable de la société. En
effet, sur 24 prêtres, y en a-t-il un mauvais ? Et dans

les autres classes peut-on compter trois ou quatre citoyens honorables sur 24 ? de plus, telle action qui sera une tache pour un prêtre passera inaperçue dans un autre citoyen. Or, j'ai beau consulter mes souvenirs, je ne me rappelle pas que dans la maison paternelle on ait parlé peu respectueusement d'un prêtre. Un homme d'Etat a dit : La société périra faute de respect. Assurément la société ne serait pas exposée à périr si les parents cherchaient à inspirer aux enfants du respect pour les supérieurs et surtout pour les supérieurs spirituels ou les prêtres, qui sont les dépositaires de la morale sans laquelle il n'y a point de société possible. Ce qui montre les dispositions d'Anne Vigneron à s'acquitter consciencieusement de ses devoirs de mère de famille, c'est sa confiance illimitée dans les lumières de son pasteur. En voici une preuve. M. Baudot (curé de Lagney) nous a toujours dissuadés, disait-elle avec un accent de reconnaissance, de mettre nos enfants à l'école dans les villes. Il fallait que ces époux eussent bien de la confiance dans leur curé, pour suivre ainsi ses avis dont ils ne pouvaient comprendre par eux-mêmes la sagesse, car on n'avait pas encore à cette époque la funeste expérience du résultat du séjour des jeunes gens dans les villes. Ce résultat est l'affaiblissement sinon la destruction de toute croyance et par conséquent de tout sentiment d'honnêteté, de pudeur et de justice et une surexcitation de passions, cause de tant de malheurs et de désordres.

Les jeunes gens reviennent sous le toit paternel avec le goût pour une toilette exagérée, le dédain de la condition des parents, la liberté dans les manières, l'impertinence et la fatuité qu'on prend pour du savoir-vivre et pour la connaissance des usages de la société. Voilà souvent tout ce qu'ils offrent pour compensation de la perte de leurs croyances et de leurs mœurs. Les parents religieux apprécient bien la valeur de ce bagage de contrebande et comprennent combien est effroyable le malheur de perdre toute conscience, mais les parents irreligieux voient volontiers leurs enfants leur ressembler, d'autant plus que plusieurs se persuadent que la conscience est un obstacle à la réussite dans les affaires. Le saint curé d'Ars ne pensait pas ainsi, lui qui disait : Un bon moyen de se ruiner, c'est de voler et de travailler le dimanche. Il faut néanmoins reconnaître que beaucoup de parents ou qui sont religieux ou qui ont assez de bon sens pour comprendre qu'il est de leur intérêt que leurs enfants le soient, ne tiennent pas assez à connaitre les dangers que courent la foi et les mœurs de leurs enfants dans certaines maisons d'éducation. Ils ne veulent pas comprendre que c'est l'éducation qui fait l'honnête homme et que dans beaucoup d'établissements l'éducation est absolument nulle. Fénelon dit : Il n'y a rien d'estimable que la vertu et le bon sens. Je commente ces paroles en ajoutant : S'il y a quelqu'autre chose d'estimable, ce n'est qu'autant que la vertu et le bon sens y sont joints. La vertu peut suppléer à tout, rien rien ne peut la suppléer. Or, le séjour dans les villes occasionne souvent la ruine du bon sens et de la vertu. Avouons toutefois que la vertu et le bon sens sont

rares partout, parce que les éléments de l'éducation
font défaut dans les familles ainsi que dans les établissements publics (1).

Inspirant l'amour de la justice. — Enseignait-elle
à ses enfants l'amour de la justice? Voici une observation que je faisais à mes frères et à mes sœurs. Je
ne me rappelle pas, leur disais-je, que nos parents
nous aient jamais défendu de faire du tort au prochain.
Etait-ce défaut de probité de leur part? Ce que j'ai dit
plus haut de leur amour de la justice dément cette
supposition injurieuse. Etait-ce indifférence ou
faiblesse? Car on voit des parents qui aiment si aveu-
glément leurs enfants qu'ils n'osent pas observer la
conduite de ceux-ci pour s'épargner le chagrin d'en
être les témoins; d'autres parents consentent à être
les témoins silencieux et par là même les complices
des vols et rapines de leurs enfants. Pourquoi ne nous
défendaient-ils pas le vol, vice si bas, si dégradant et
cependant si commun? Ah! j'en vois la raison palpa-
ble. Anne Vigneron disait un jour: Je n'ai pas fait à

---

(1) M. Duruy a pensé faire une belle phrase en disant: *Si les
écoles sont pleines, les prisons seront vides.* Pour qu'elle rendît une
pensée juste, il aurait au moins dû ajouter: *pourvu que les écoles
soient chrétiennes.* L'instruction est un besoin, oui, mais la bonne
instruction. Ne voit-on pas des hommes qui voudraient chasser le
Bon Dieu de l'école? Que demandent autre chose beaucoup de par-
tisans de l'enseignement obligatoire? On a dit: En Belgique, les
ministres sont les très-humbles valets des loges maçonniques. Cette
accusation ne peut-elle se faire que contre la Belgique? D'ailleurs, il
n'est pas étonnant que les enfants de Voltaire répètent comme leur
père: Ecrasons l'infâme! Pour nous, ayons confiance, ils n'auront
pas plus de pouvoir que leur père.

mes enfants telle défense, parce que je n'ai pas
supposé qu'ils pussent jamais être tentés de l'enfreindre. Nos parents, par leurs paroles, par leur conduite,
par leur réputation d'intégrité, recommandaient si fort
l'observation des devoirs de la justice qu'ils ne supposaient pas que leurs enfants eussent jamais la pensée
de les transgresser. On ne recommande pas à un
enfant de ne pas incendier une maison parce qu'on
ne suppose pas qu'il soit tenté d'y mettre le feu. Un
jour cependant Anne Vigneron crut devoir exercer sa
sévérité à l'égard d'un de ses enfants, âgé d'environ
trois ans, plutôt pour prévenir que pour réprimer ce
vice. Cet enfant avait cueilli dans le champ d'autrui
des pois qu'il portait dans son tablier. La mère le châtia et le força à reporter les pois là où il les avait pris;
ce châtiment fit une impression vive et durable sur
l'enfant qui, quand il avait à passer par là, faisait un
détour pour n'être pas dans la nécessité d'approcher
du lieu où il avait pris ces pois malencontreux. Anne
Vigneron était bien loin d'imiter l'indolence de certaines mères qui, pour excuser, on pourrait dire leur
connivence, allèguent le défaut de discernement de ces
enfants qui ne voient pas de malice à ce qu'ils font.
Elles parlent juste. Les enfants n'attachent pas l'idée
du mal à une mauvaise action, si les parents ne la flétrissent. Ce qui montre combien elle était incapable
de transiger avec toute espèce de vice, c'est l'expression générique et énergique de bassesse dont elle se
servait pour flétrir tout ce qui était essentiellement
mauvais. Revoyant un de ses petits-fils dont les

parents venaient d'essûyer de grands revers de fortune : Je suis bien moins peinée, lui dit-elle, de vos
revers de fortune que je ne le serais d'apprendre
qu'un de vous eût dérobé une pièce de cinq francs.
On entend bien des gens dire : Je n'aime pas les
voleurs, cela signifie, je n'aime pas ceux qui me
volent. Mais ceux qui réellement craignent de com-
mettre des injustices ne se plaignent pas tant des torts
vrais ou imaginaires dont ils peuvent être victimes, et
ne proclament pas si souvent leur prétendue probité,
je dis prétendue probité, car, dit Labruyère, vanter
sans cesse sa probité, ce n'est pas même savoir con-
trefaire l'honnête homme. Anne Vigneron n'était pas
préoccupée de la crainte de se compromettre devant
les hommes, mais consultait sincèrement sa conscience, bien loin de chercher à la surprendre, se plai-
sant à citer ces paroles de M. Petit-Gant, ancien maire
de Bouvron. Je crois, disait ce brave homme, à la
probité de celui qui craint de se damner, mais non à
la probité des autres. Une de mes sœurs disait : Tous
les habitants de notre rue craignent ma mère. Ce qui
donnait lieu à ce discours, ce n'était ni son orgueil, ni
ses injustices, ni ses duretés envers les faibles, ni ses
mots inconvenants ; on ne lui fait pas de reproches de
ce genre, mais par là on rendait témoignage à sa haine
de toute iniquité. Ceci me rappelle ce que l'on disait à
un curé : Vos paroissiens vous trouvent gênant ! Un
vieillard ex-garde forestier, sans ressources, sollicitait
vainement quelque secours par l'entremise de l'administration qu'il avait servie longtemps. Il suffirait, dit

Anne Vigneron avec indignation, qu'il y eût dans cette administration un honnête homme pour que ce vieillard obtînt justice. Elle se trompait peut-être dans son appréciation, toutefois son indignation témoignait de son amour pour la justice. On ne peut dire que ce fut pour faire de la popularité, car elle s'exprimait ainsi à l'insu du vieillard et de sa famille.

Combien de recherches, combien de démarches ne m'a-t-elle pas chargé de faire, dans la crainte que la justice n'eût été blessée par des actes qui auraient engagé sa responsabilité, me sollicitant d'écrire ou de parler à diverses personnes pour avoir des renseignements sûrs, tels que les désire une conscience droite! Par suite de mes démarches, je pus me convaincre une fois de plus de sa grande délicatesse de conscience qui s'alarmait trop facilement. Si une personne dont on ne suspectait pas la droiture de conscience se faisait des reproches devant Dieu, que faut-il penser de cette prétendue sécurité de conscience qu'ont ou qu'affectent d'avoir des gens qui, sous le rapport de la probité, ne trouvent pas même grâce devant les hommes !

Soin d'inspirer aux enfants la charité envers les malheureux. — Indépendamment des exemples qu'elle nous donnait, et dont j'ai parlé plus haut, je me rappelle fort bien avoir entendu souvent citer à la maison paternelle ces paroles de Notre Seigneur : Celui qui donnera un verre d'eau en mon nom, recevra le centuple en ce monde et la vie éternelle en l'autre. On se plaisait à nous employer ou pour donner l'aumône à la porte ou pour porter des secours à domicile à quelque famille pauvre, nous recommandant de traiter avec respect les pauvres de Jésus-Christ.

Amour pour la vérité. — Qui est menteur est voleur, a-t-on dit ; ne peut-on pas, par contre, dire qui n'est pas voleur n'est pas menteur ? Dès lors je ne m'étonne pas qu'on n'ait jamais reproché à Anne Vigneron ou d'avoir menti ou d'avoir manqué à sa parole, qu'elle n'ait point employé de faux moyen, le mensonge, pour se faire obéir des enfants ; elle n'imitait pas ces parents qui font des menaces ou des promesses, selon l'impression du moment, sans se préoccuper de l'exécution de leurs menaces ou de leurs promesses. Car on pourrait dire de beaucoup de mères de famille : Avant de parler, elles ne savent pas ce qu'elles vont dire ; quand elles parlent, elles ne savent pas ce qu'elles disent et quand elles ont parlé, elles ne savent pas ce qu'elles ont dit. Ce défaut de réflexion de la part des parents, non-seulement leur fait perdre la confiance de leurs enfants, mais ces enfants supposent que tous, même les pasteurs, agissent comme leurs parents, dès lors n'ont aucune confiance dans les paroles des pasteurs et eux-mêmes ne manquent pas d'avoir à un haut degré la légèreté de leurs parents. Ils supposent qu'il est de mode de parler d'une manière irrépréhensible, mais que ceux qui parlent et ceux qui écoutent ne prennent pas au sérieux ce beau langage.

Son zèle pour inspirer à ses enfants l'amour de la sainte vertu de pureté. — Qu'est-ce qui fait la gloire et la force de la femme, sinon la vertu ? La chasteté est tellemént la vertu dans sa splendeur que si une femme a la réputation d'être chaste elle est connue dès lors pour femme vertueuse, mais quelles que soient ses qualités d'ailleurs, on ne dira pas d'elle : c'est une brave femme, si elle n'a pas la réputation de femme chaste. Si la femme vertueuse mérite qu'on aille la chercher aux extrémités de la terre elle-même, si elle a la sainte pureté, c'est qu'elle a été disposée, s'il l'avait fallu, à aller la chercher aux extrémités de la terre. C'est assez dire qu'une mère chrétienne, qui désire plus le bonheur de ses enfants que son propre bonheur, mettra toute l'énergie de son âme, toutes les industries de sa tendresse maternelle, à transmettre à ses chers enfants cette belle vertu.

La maison paternelle était fréquentée par des personnes de tout genre d'éducation que leurs affaires y amenaient. Néanmoins je n'ai pas souvenir d'avoir, au milieu de tout ce monde, entendu une parole propre à alarmer l'innocence. N'est-ce point parce que l'on connaissait la sévérité de mœurs des époux Collin que personne ne se donna licence dans ses paroles ? Comme Anne Vigneron aimait à exprimer ses sentiments de respect pour les personnes chastes ! Que cette personne est prudente ! ainsi s'exprimait-elle. Quand au contraire on semblait avoir de la considération pour une personne dont la conduite n'aurait pas été irréprochable pour la pureté des mœurs, quel silence significatif Anne Vigneron gardait malgré les éloges qu'on pouvait donner à cette personne ! La pu-

deur maintenant est si peu respectée dans les conversations ! Autrefois, faisait observer quelqu'un, ceux
qui se donnaient une certaine liberté de langage, auraient au moins respecté l'enfance. Si dans une société
quelqu'un se fût oublié à cet égard, il aurait été bien
rare qu'il n'eût été interrompu par ces paroles : *Res-
pectez les oreilles chastes !* Maintenant l'on respecte
si peu la vertu, ou l'on désespère tant de la voir en
pratique que rarement voit-on quelqu'un protester
contre les paroles obscènes. C'est de la simplicité de
se scandaliser de ce qu'il y a de plus inconvenant !
Grâces à Dieu, il n'en était pas ainsi pour Anne Vigneron. Quelle décence ! Quelle réserve dans son
maintien ! Quelle gravité dans son costume, même
dans l'intérieur du ménage ! Que je fus vivement et
désagréablement impressionné les premières fois que
je remarquais dans les toilettes plus de laisser aller !
tant j'étais accoutumé à la tenue modeste de ma mère !

« Que votre modestie brille aux yeux de tous. Nulle
» parure, dit le P. Marchal, ne vaut cette parure-là.
» Ainsi pensaient les vierges héroïques de la primi-
» tive Eglise, quand elles rassemblaient, d'une main
» convulsive, au milieu des amphithéâtres, les lam-
» beaux de leurs robes déchirées par les bêtes féroces,
» afin de mourir avec décence, comme elles avaient
» su vivre (1) ! » Mes parents, voulant me faire faire

(1) Isabelle, reine de Castille, qui eut la gloire de seconder le
génie de Christophe Colomb, était d'une telle réserve, pour tout ce
qui concerne la décence que durant toute sa vie, ses femmes de
chambre ne purent se vanter d'avoir vu le bout de son pied à dé-
couvert.

des études, après avoir cherché vainement une maison
d'éducation chrétienne, se virent à leur grand regret
dans la nécessité de m'envoyer au collége de Toul. Ce
qui adoucit beaucoup leurs appréhensions sur ma position, ce fut la bonté de M. Gérard (1), curé de Moutrot et en même temps professeur du collége, qui voulut bien recevoir mon lit dans sa chambre. Ma bonne
mère me dit à mon départ de la maison paternelle : Ah ! mon enfant, je me rappelle encore ses paroles, j'entends dire qu'il y a bien de la corruption
dan les villes. Réflexion qui constate que la pureté
de mœurs régnait alors dans les campagnes. Le langage que m'avait tenu ma mère était bien propre à
me soutenir contre les exemples d'immoralité dont je

(1) M. Gérard, ancien supérieur du petit séminaire de Toul,
homme d'un grand mérite, connu sous le nom de bon Gérard,
desservait à cette époque, où il y avait pénurie de prêtres, les trois
paroisses de Moutrot, Gye et Bicqueley. A la prière des autorités de
Toul, il avait consenti, par amour du bien, à venir enseigner dans le
collége de cette ville. L'éclat du talent et l'autorité de l'expérience d'un
maître si dévoué à la jeunesse auraient infailliblement fait fleurir ce
collége. Son zèle ne lui permettant pas de laisser passer les diman-
ches et les jeudis sans aller visiter au moins deux de ses paroisses et
quelquefois ses trois paroisses et cela à l'âge de 60 ans, on ne put
consentir à le voir mener cette vie de travaux forcés. Il quitta le
collége et revint au milieu de ses chers paroissiens se fixer dans sa
maisonnette jusqu'à sa mort. On peut bien donner cette dénomina-
tion à son habitation, qui consistait en une pièce unique et exiguë.
Il y a quelque vingt ans que j'ai lu un opuscule par lequel un
principal du collége de Toul prétendait donner une notice plutôt
sur l'*esprit* que sur la vie entière de ce digne ecclésiastique. L'auteur y expose assez au long les industries du zèle du bon Gérard,
comme il le nomme, pour le progrès moral et intellectuel des enfants, mais le lecteur chrétien qui l'a connu désirerait voir attribuer
à la foi en Jésus-Christ le zèle qui animait ce prêtre.

pourrais être témoin. Grâce à Dieu et à mes bons parents, je ne fus qu'une année élève interne au collége.

Elle aimait à les entretenir dans des sentiments de modération. — Anne Vigneron ne cherchait pas à se prévaloir de la position que lui faisait sa fortune, elle n'en abusait pas pour entretenir les sentiments d'orgueil qu'auraient pu en concevoir ses enfants. Il est vrai, c'était un faible de sa part, qu'elle souffrait de la sotte ostentation de ceux qui affectaient une aisance ou une fortune factice, mais elle aimait en opposition à citer à ses enfants comme modèle de bon sens la discrétion de son beau-père, qui ne cherchait pas à se faire un mérite de ses propriétés ou de choses de ce genre. Elle prenait garde de ne pas affaiblir l'autorité des instituteurs et des institutrices dans l'esprit de ses enfants. Les dispositions des époux Collin étaient si connues à cet égard qu'une bonne Sœur d'école semblait aimer d'avoir l'occasion de châtier leurs petites filles, disant avec bonheur : Il ne faut pas faire de grâce aux enfants de M. le maire. On venait avec confiance se plaindre à droit ou à tort des enfants Collin, bien assurés d'obtenir justice de leurs parents. Au lieu de s'offenser des conseils ou des réprimandes données par des étrangers, ils leur auraient même, le cas échéant, témoigné de la reconnaissance. Heureux les enfants qui seraient élevés dans l'humilité ! L'orgueil est la source des vices et est la source de nos plus vifs chagrins ; l'humilité, au contraire, est le fondement de toutes les vertus et la source du bonheur. L'homme humble n'est nullement humilié de la condition obscure dans laquelle il vit, ne souffre nullement des inconvenances dont il peut être l'objet, car il se croit toujours mieux traité qu'il ne le mérite. Il n'a qu'un désir, celui de bien faire, c'est son plus grand plaisir et ce plaisir, il peut toujours se le procurer. Mais que cette vertu est rare ! Quelle vigilance il faut avoir sur soi-même pour animer toutes ses actions de cette pureté d'intention qui est l'effet de la vraie humilité ! Mélanie, l'une des plus riches et des plus vertueuses dames romaines, ayant ouï parler d'un saint abbé, alla le voir et lui porta trois cents livres de vaisselle d'argent, qu'elle le pria de vouloir bien recevoir, comme une part des richesses que Dieu lui avait données. Le saint abbé se contenta de lui répondre : « Dieu veuille récompenser votre charité ! » et se tournant vers son économe, il lui dit : « Prenez ceci et distribuez-le aux monastères les plus pauvres. » Mélanie, voyant qu'il ne lui disait pas une seule parole pour lui témoigner l'estime qu'il faisait d'un présent si considérable, lui dit : « Mon père, je ne sais pas si vous faites attention que ce que je vous ai donné se monte à trois cents livres d'argent. » « Ma fille, lui répondit le saint abbé, Celui à qui vous avez fait ce présent, n'a pas besoin de savoir combien il pèse, puisque, pesant même les montagnes et les forêts dans ses divines balances, il ne peut ignorer quel est le poids de votre argent. » Sainte Mélanie rougit du petit sentiment de vanité qu'elle avait eu : elle remercia celui qui le lui avait fait remarquer, et profita de cette leçon par la suite.

CHAPITRE XII.

ELLE VIENT HABITER LIVERDUN. — SA MORT.

> Il fait la volonté de ceux qui le crai-
> gnent, il exauce leurs prières, il
> assure leur salut. (*Ps.* 18, v. 15.)

Anne Vigneron, ma mère, vint, en 1853, habiter le
presbytère de Liverdun. Ce doit être le sujet d'une
vive joie pour un enfant de pouvoir être utile à ses
parents, sans qu'il puisse jamais cesser de leur être
redevable. Je fus édifié, ainsi que ceux qui la virent de
près, par sa vive foi, sa conscience timorée, son esprit
de prière, de travail, d'humilité, de charité et d'a-
mour des âmes. La conduite de ses enfants à son
égard, me donne lieu, selon la remarque que m'en fit
M. le curé de Rosières-en-Haye, de lui appliquer ces
paroles de Mgr Landriot : « Une douce récompense
» attend la femme forte, elle couronne au moins les
» dernières années de sa vie. Ses vertus finissent par
» être appréciées, et tôt ou tard ses enfants se réunis-
» sent autour d'elle et la saluent avec respect comme
» le centre de leur amour, la racine de leur vie et de
» leur bonheur... Alors il y a une grande joie dans le
» cœur de la mère... Elle a semé dans les larmes et
» maintenant elle moissonne dans l'allégresse... La

» femme forte est aussi pour ses enfants une source
» de bons conseils et de sages avertissements : elle
» perfectionne tous les jours la vie qu'elle leur a don-
» née, comme le jardinier cultive avec amour et dé-
» veloppe la jeune plante qu'il a fait naître dans sa
» serre. Elle dirige la partie supérieure de leur âme
» vers le ciel. »

Anne Vigneron recevait de fréquentes visites de ses
enfants et de ses petits-enfants. Madame veuve Thié-
bault, à laquelle ses occupations permettaient de faire
de plus fréquentes et de plus longues absences, venait
plus souvent et séjournait plus longtemps que les
autres auprès de sa mère. Elle était heureuse de pouvoir lui donner tous ses soins. Les autres enfants
d'Anne Vigneron cherchaient dans leurs visites à
adoucir une position que l'âge et les infirmités rendent toujours pénible. Ils s'empressaient de lui com-
muniquer leurs joies, et on conçoit que, de peur de
l'attrister, ils mettaient de la discrétion à lui communi-
quer leurs peines ; ils recevaient ses avis avec une
grande déférence ; dans le cours des longues maladies
dont elle fut atteinte, ils lui demandèrent et reçurent
plusieurs fois à genoux sa bénédiction. Le bonheur
d'Anne Vigneron était d'apprendre que Dieu était
honoré, que beaucoup de personnes menaient une vie
chrétienne et surtout elle était heureuse qu'on pût
rendre sous ce rapport un témoignage avantageux à
quelques membres de sa famille ; elle saisissait avec
joie l'occasion d'exhorter au bien tous ses proches.
Elle fut d'abord soumise à une dure épreuve, la perte
de la vue ; elle subit cette affliction graduellement,

mais elle la reçut avec tant de résignation que je n'ai pas souvenir qu'elle ait exprimé des plaintes quand la cécité devint complète. Elle ne dérogea en rien à son habitude de se lever matin, ni à sa devise : *prier et travailler*, paroles qu'elle avait de temps en temps sur les lèvres et surtout qu'elle mettait bien en pratique. Dans son état de cécité, ne pouvant plus travailler, elle priait toujours, se faisant tous les jours conduire à la messe par une de ses petites-filles tant que sa santé le lui permit, récitant le Rosaire et diverses autres prières, tenant des conversations pieuses, aimant à entendre des lectures chrétiennes, avide d'entendre des paroles d'édification de la bouche de mes différents confrères qui venaient me rendre visite ; elle les édifiait à son tour par ses sentiments chrétiens et par ses réflexions pleines de sens, intéressant vivement par la sagesse de ses discours les différentes personnes qui l'entendaient. Aussi, disait une personne, si cette dame n'a *pas la vue du corps* elle a, ce qui vaut mieux, *la vue de l'âme*. Si elle exprimait quelquefois des regrets sur la manière dont elle aurait passé la journée, c'eût été ou de ce qu'elle se serait occupée ou trop longtemps ou trop vivement avec ses enfants des affaires de la famille ou du pays, ou de ce qu'elle s'était trop intéressée des nouvelles du temps avec d'autres personnes. Le temps qu'elle regardait comme perdu était pour elle l'objet d'un sincère et vif regret. Les personnes qui formaient sa compagnie habituelle, étaient la veuve Sivadon et la veuve Cézar, toutes deux affligées aussi de la perte de la vue. La veuve

Sivadon était une femme chrétienne d'une grande simplicité ; la veuve Cézar, ancienne matrone, avait été mondaine, et appuyant le parti du monde ; mais Dieu, en la privant de la vue du corps, lui avait ouvert les yeux du cœur, et elle gémissait surtout de ses anciennes infidélités à la grâce. Ces trois infirmes se livraient ensemble avec une égale ferveur à leurs communs exercices de piété.

Durant les dernières années de sa vie, Anne Vigneron fut en proie à de vives et à de longues souffrances. Ma mère, disaient ses enfants, a demandé de passer, avant de mourir, par une longue maladie, le Bon Dieu l'a grandement exaucée ! La vieillesse est naturellement chagrine, je ne puis dissimuler qu'Anne Vigneron n'ait subi ces vicissitudes de son âge ; mais que ses dispositions à se plaindre s'expliquaient par les violentes douleurs qui l'ont exercée plusieurs années ! Quand elle avait souffert moins vivement, comme elle en remerciait le Bon Dieu ! car, comme dit Fénélon, nous saluons la croix de loin, nous la craignons de près ; puis se reprochant son défaut de courage et son éloignement des souffrances, elle comparait ses dispositions à celles de sainte Thérese qui s'écriait : Ou souffrir ou mourir, ou à celles de sainte Catherine de Sienne, qui désirait toujours souffrir et ne jamais mourir. A part les moments de grandes souffrances, Anne Vigneron était gaie et aimable ; j'en donne la raison. Anne Vigneron était pieuse. La piété est aimable, parce que la piété est la vertu parée et il n'y a rien d'aimable comme la vertu. Je me sens attendri quand je me rappelle combien elle était sensible au moindre service qu'elle recevait, combien elle en était reconnaissante. Dans son état habituel, elle n'exigeait rien et croyait toujours être redevable, ce qui est le caractère d'une profonde humilité et d'une grande charité et conséquemment d'une vraie piété. Au contraire, dit le Père Marchal, « rien de pénible à soi- » gner comme une vieille femme qui fut mondaine et » qui est malade. Il en est bien peu dont on puisse » dire ce que Bossuet a dit d'une célèbre princesse : » Elle fut douce envers la maladie. » Outre les souf- frances corporelles, Anne Vigneron éprouvait de grandes peines intérieures, des anxiétés de conscience, ce qui n'est pas incompatible avec la paix de l'âme ; elle était frappée d'une vive crainte des jugements de Dieu. Combien de fois, je ne dis pas pendant plusieurs mois, mais pendant plusieurs années, elle faisait ces questions : Dieu me fera-t-il miséricorde ? Pensez- vous que j'irai en paradis ? Que faut-il que je fasse pour aller en paradis ?

Ces dispositions ont donné lieu à plusieurs person- nes de remarquer de son vivant que Dieu lui faisait bien des grâces, puisqu'elle s'occupait continuellement de sa sanctification. On peut bien assurer d'Anne Vigneron qu'elle était dans les sentiments de cette dame qui, avec autant d'esprit que de cœur, avait coutume en s'éveillant de faire à Dieu cette belle prière : Seigneur, faites-moi faire aujourd'hui quel- que chose que vous puissiez récompenser. Elle rece- vait de temps en temps la sainte communion et c'était toujours avec une ferveur qui fortifiait la foi des assistants. Ayant reçu l'Extrême-Onction, ses appréhensions ensuite furent bien grandes, parce que, disait-elle, j'ai reçu ce sacrement privée de connaissance et que je n'y ai pas apporté les dispositions nécessaires.

Dieu récompensa visiblement sa foi. Elle avait craint d'être exposée, à sa mort, à de violentes et opiniâtres tentations de désespoir. Aux derniers jours de sa dernière maladie, ses craintes se dissipèrent. Elle disait de temps en temps avec confiance : Seigneur, faites-moi miséricorde ! Lavez-moi, Seigneur ! comme me le rappelait, quelque temps après sa mort, une personne qui l'avait assistée dans sa dernière maladie et qui avait été bien édifiée de ses sentiments. Loin d'être fatiguée des paroles d'édification qu'on lui adressait, elle disait à une de ses filles : Tu ne me dis pas assez souvent : Mon Dieu, je vous donne mon cœur. N'ayant plus la force de se faire comprendre, elle faisait des efforts de ses lèvres pour baiser le crucifix quand on le lui présentait. Ce fut dans ces sentiments d'une douce confiance en la miséricorde de Dieu qu'elle rendit son âme à son Créateur, le 26 avril 1863, à l'âge de 85 ans, munie des sacrements de l'Eglise. Les personnes qui virent son visage après sa mort remarquèrent que, loin d'être décomposé, il était plus gracieux, ce qui les frappa. Son corps fut transporté à Lagney, son pays natal, où il fut inhumé. La croix qui lui est érigée porte cette inscription : *Les parents qui apprendront à leurs enfants à honorer Dieu, seront honorés de leurs enfants.*

CONCLUSION.

Interrogez votre père, et il vous ré-
pondra. Interrogez vos ancêtres,
et ils vous instruiront. (*Deut.*,
32.)

De son vivant, notre digne mère nous a donné de
bien sages avis, de bien bons exemples; morte, elle nous
parle encore, et nous ne nous lasserons pas de l'entendre et nous nous applaudirons de l'avoir consultée. Les
vieux et surtout ceux qui n'ont jamais été jeunes, en
savent plus que les jeunes. Sans comparer notre mère
à Madame de Chantal, dont on disait qu'elle n'avait de
jeune que la figure, nous pouvons bien affirmer qu'elle
n'a jamais été jeune, c'est-à-dire légère. Dès sa plus
grande jeunesse, c'est-à-dire à l'âge où l'on ne réflé-
chit pas encore, où l'on est par conséquent exposé à
des actes de légèreté, non-seulement notre mère a
commencé à être mère, mais elle a su en comprendre
et en remplir avec courage les austères devoirs. Nous
n'avons pu conserver notre mère au milieu de nous,
mais nous pouvons jouir de l'avantage de l'entendre
nous parler et même nous pouvons la faire revivre,
en imitant ses vertus et son amour pour tout ce qui

est bien. Noblesse oblige, a-t-on dit ; la véritable noblesse, c'est la noblesse des sentiments et de la conduite. Nos parents ont eu cette noblesse. Si la foi n'est pas assez vivante en nous pour nous maintenir dans cette noblesse, l'honneur devrait nous faire une loi de ne pas en déchoir. Si notre mère, notre aïeule, a été considérée, ce qui lui a valu de la considération, ce n'est pas l'état de sa fortune, ce sont ses principes de foi et de piété, c'est là le plus précieux héritage qu'elle nous a laissé. C'est le cas de nous rappeler ce qu'un père disait à ses enfants en parlant de ses ancêtres : Rappelez-vous plutôt ce qu'ils ont fait que ce qu'ils ont été. S'il est vrai, comme disent quelques Pères de l'Eglise, que Dieu fasse voir aux pères et aux mères damnés le mal que leurs enfants font sur la terre, afin que leurs tourments en soient augmentés, et que plus ces enfants multiplient leurs péchés, plus leurs pères et leurs mères, qui en sont cause par le mauvais exemple qu'ils leur ont laissé, souffrent de la vengeance de Dieu : aussi, d'autre part, saint Augustin dit que Dieu fait voir aux pères et aux mères qui sont au ciel le bien que font leurs enfants sur la terre, afin que leur joie en soit augmentée. De même, mes chers parents, les œuvres de religion et de charité que nous ferons par suite des bons enseignements de notre mère, non-seulement nous obtiendront la vie éternelle, mais ajouteront à la joie de notre mère, qui, il faut en avoir la confiance, est en possession de la gloire céleste.

TABLE DES MATIÈRES.

NANCY, IMP. DE VAGNER, RUE DU MANÉGE, 3.

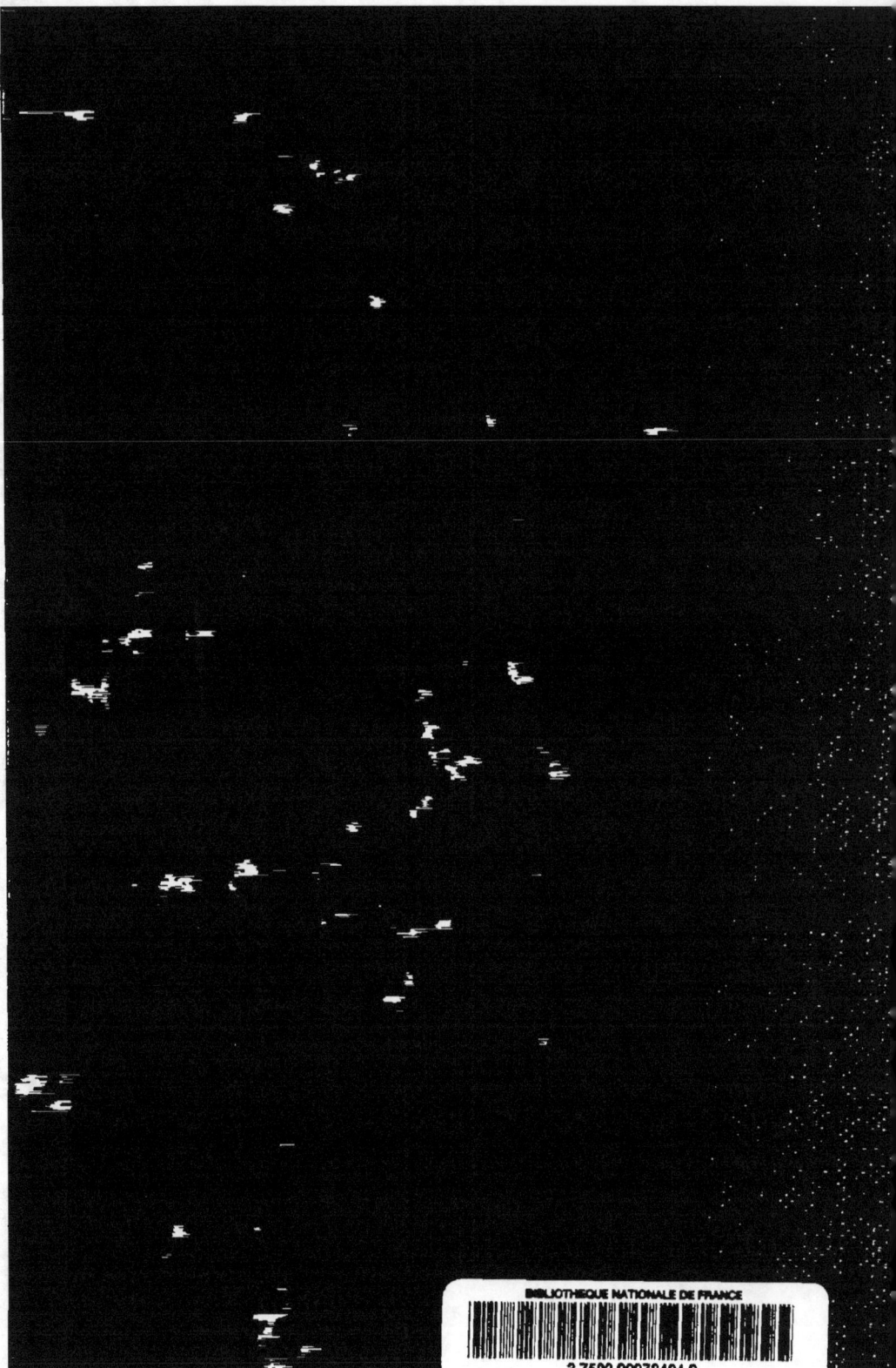

www.ingramcontent.com/pod-product-compliance
Lightning Source LLC
LaVergne TN
LVHW020950090426
835512LV00009B/1806